콩쥐를 지키는 팥쥐를 벌주는 법

사진출처

솔로몬 로파크_ 108p / 체험관 전경, 정의의 여신상   110p / 선거 체험, 모의국회, 과학 수사   111p / 모의법정, 교도소 체험

통합교과 시리즈 참 잘했어요 사회 ❻
콩쥐를 지키는 법 팥쥐를 벌주는 법
ⓒ 글 손혜령, 2014

1판 1쇄 발행 2014년 8월 20일 | **1판 4쇄 발행** 2024년 2월 20일
글 손혜령 | **그림** 에스더 | **감수** 초등교사모임
펴낸이 권준구 | **펴낸곳** (주)지학사
본부장 황홍규 | **편집장** 김지영 | **편집** 박보영 이지연 | **디자인** 이혜진 이혜리
마케팅 송성만 손정빈 윤술옥 박주현 | **제작** 김현정 이진형 강석준 오지형
등록 2010년 1월 29일(제313-2010-24호) | **주소** 서울시 마포구 신촌로6길 5
전화 02.330.5263 | **팩스** 02.3141.4488 | **이메일** arbolbooks@naver.com
ISBN 979-11-85786-14-8 74300
ISBN 978-89-94700-68-7 74300(세트)
잘못된 책은 구입하신 곳에서 바꿔 드립니다.

제조국 대한민국   **사용연령** 8세 이상
KC마크는 이 제품이 공통안전기준에 적합하였음을 의미합니다.

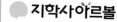 **지학사아르볼**   아르볼은 '나무'를 뜻하는 스페인어. 어린이들의 마음에 담긴 씨앗을 알찬 열매로 맺게 하는 나무가 되겠습니다.
홈페이지 www.jihak.co.kr/arb/book | **포스트** post.naver.com/arbolbooks

콩쥐를 지키는 팥쥐를 벌주는 법

글 **손혜령** | 그림 **에스더** | 감수 **초등교사모임**

지학사아르볼

펴냄 글

사회는 왜 어려울까?

1. 역사·경제·지리·문화·정치 등 공부해야 할 범위가 넓다.

2. 책이나 교과서를 볼 땐 이해할 것 같다가도 돌아서면 헷갈린다.

3. 사회 교과를 공부하기 위해 꼭 알아야 할 단어가 너무 어렵다.

4. 사회 공부 책은 글만 빽빽이 많아서 지루하다.

사회 공부, 쉽게 하려면 통합교과 시리즈를 펼치자!

통합교과란?

■ 서로 다른 교과를 주제나 활동 중심으로 엮은 새로운 개념의 교과

■ 하나의 주제를 **개념·역사·경제·사회·과학·수학·인물** 등
다양한 교과 영역에서 접근해 정보 전달 효과를 높임

■ 문이과 통합 교육 과정에 안성맞춤

이런 학생들에게 통합교과 시리즈를 추천합니다!

사회 교과를 처음 배우는 초등학교 **3학년**

사회가 지겹고 어렵게 느껴지는 **4학년**

인물
한 분야를 대표하는
위대한 인물의
리더십과 창의력을
배운다!

개념
개념을 알아야
주제가 보인다!
개념 완벽 정리

역사
동화·만화·인터뷰 등
재미있게 풀어낸
이야기를 읽다 보면
역사 지식이
머릿속에 쏙!

**통합교과
시리즈**

사회
정치·경제·지리 등
사회 과목을 세부적으로
파고들어 주제에 대한
이해를 높인다!

체험
글로만 배우는
사회는 그만! 체험을
통해 책에서 얻은
지식을 진짜 내 것으로
만들자!

과학
일상생활 속에 담긴
과학 원리를 찾자!

차례

등장인물

로이

호기심 많은 초등학생. 욱이 삼촌과 함께 여러 일들을 겪으면서 법에 대해 알아 간다.

욱이 삼촌

로스쿨에 다니다가 변호사가 된 로이의 삼촌. 인정도 많고 눈물도 많다. 부당한 일을 당하는 사람을 보면 금세 흥분하며, 자신이 나서서 해결해 주려고 노력한다.

로빈슨 크루소

욱이 삼촌의 친구. 오랫동안 무인도 생활을 하다 겨우 구출되는가 싶더니, 이번엔 감옥에 갇히고 말았다.

앨리스

이상한 나라에서 하트 여왕과 크리켓 게임을 하다가 재판을 받게 됐다. 왈가닥 소리를 듣지만 똑 부러지는 성격이다.

콩지

모든 집안일을 혼자서 하는 착한 소녀. 평소에는 조용하고 남의 말을 잘 듣는 편이지만 한번 화가 나면 걷잡을 수 없다.

홈즈

과학 수사 대장. 뛰어난 추리력과 과학 지식으로 사건을 해결한다.

1

혼자 사는
로빈슨 크루소에게
법이 필요할까?

개념 법이란 무엇일까?

14

사회가 있는 곳에 법이 있어

사람은 혼자 살 수 없어요. 가족을 이루고, 마을을 이루고, 국가를 이루어 함께 살아가요.

무인도에 혼자 산다면 내 마음대로 해도 뭐라 할 사람이 없을 거예요. 그러나 함께 사는 공동체*에서는 내 마음대로 모든 걸 하고 살 수는 없어요. 저마다 생각이 다르고 원하는 것도 다르기 때문이지요.

사람들이 더불어 살아가기 위해서는 규범을 지켜야 해요. **규범**은 우리가 살아가는 사회에서 지켜야 할 약속이라고 할 수 있어요. 관습, 도덕, 법, 예절 등을 통틀어 규범이라고 하지요.

그중에서 **법**은 국가가 만든 강제력이 있는 규범이에요. 강제력이 있다는 것은 우리가 살아가면서 꼭 지켜야 한다는 뜻이에요. 도덕 가운데 꼭 지켜야 할 것을 법으로 정했다고 해서 '최소한의 도덕'이라 불리기도 해요.

⭐ **공동체** 공동의 이해관계나 목적으로 모인 집단

규범은 다음과 같이 구분할 수 있어요.

관습
오랫동안 되풀이되어
전해 내려오는 규범이에요.

예 명절에 한복 입기, 결혼식 문화

도덕
사람으로서 마땅히 지켜야 할
행동이나 마음가짐이에요.

예 어려운 사람 돕기, 다른 사람에게 욕하지 않기

규범

법
국가가 정한 규범이에요.
그렇기 때문에 나라마다
그 내용이 달라요.

예 쓰레기 몰래 버리지 않기, 남의 물건 훔치지 않기

예절
존중하는 마음을 담아서
행하는 말투나 몸가짐을 뜻해요.

예 웃어른께 인사하기, 공공장소에서 질서 지키기

법은 그 절차와 내용에 따라 종류가 나뉜다

법은 질서를 유지하고 정의로운 사회를 만들기 위한 목적으로 만들어요. 법은 대부분 국회에서 만들지요. 국회는 국민이 뽑은 대표인 국회 의원이 법을 만드는 국가 기관이에요.

그렇다고 국회에서만 법을 만들 수 있는 건 아니에요. 때에 따라서 대통령이나 국무총리, 대법원, 시청과 같은 지방 자치 단체에서도 법을 만들 수 있어요.

법에는 어떤 종류가 있고, 무슨 차이가 있는지 알아볼까요?

법의 종류

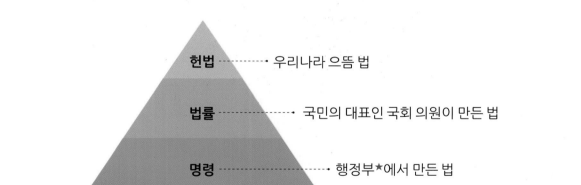

헌법 --------• 우리나라 으뜸 법

법률 --------• 국민의 대표인 국회 의원이 만든 법

명령 --------• 행정부★에서 만든 법

조례·규칙 --------• 지방 자치 단체, 지방 자치 단체장, 대법원, 감사원 등이 만든 법

★ **행정부** 나라 살림을 꾸리는 기관

✿ 헌법

나라를 다스리는 원칙과 국민의 권리에 대한 내용을 담고 있어요. 헌법은 모든 법의 기준이 되는 상위법이에요. 헌법 아래에 있는 법률, 명령, 조례는 헌법에 어긋나는 내용을 만들지 못한답니다.

우리나라의 헌법은 1948년 7월 17일에 처음 만들어졌어요. 그래서 이날을 제헌절로 정하고 국경일로 기념하고 있어요.

✿ 법률

크게 민법·형법·상법으로 나뉘어요.

민법 개인의 권리에 대한 법이에요. 사람 사이의 다툼을 해결하는 법이지요.

형법 범죄와 형벌에 대한 법이에요. 어떤 행동이 죄가 되고, 죄를 저지르면 어떤 형벌을 받는지 정해 두었어요.

상법 기업이 경제 활동을 하는 것과 관련된 법이에요.

✿ 명령

행정부에 있는 대통령이나 국무총리 등이 법률을 어기지 않는 범위에서 만드는 법이에요. 대통령이 만든 법률은 대통령령, 국무총리가 만든 법률은 총리령이라고 불러요.

✿ 조례·규칙

조례는 시청·도청 같은 지방 자치 단체가 만드는 법이고, 규칙은 시장·도지사 등 지방 자치 단체장이나 대법원·감사원 등이 만드는 법이에요. 그 지역의 발전에 필요한 법을 스스로 만들 수 있어요.

법을 어기면 어떻게 돼?

　법을 어긴 사람은 크고 작은 벌을 받아요. 어떤 벌을 받을 것인지
는 법에 정리해 두었지요. 죄가 확실하지 않은 경우 재판을 해서 죄
가 있는지 없는지를 가리고, 죄가 인정되면 법에 나온 대로 형벌을
받게 되지요. 형벌을 내리는 이유는 죄를 지으면 벌을 받는다는 것
을 알려 주어 다시 죄를 짓는 걸 막기 위해서예요. 형벌은 크게 네 가
지로 구분할 수 있어요.

명예형

　자격을 빼앗거나 정지시키는 형벌
이에요. 경찰관이나 국회 의원과 같이
나랏일을 하는 공무원, 기업의 대표
등 중요한 위치에 있는 사람이 죄를
지으면 기간을 정해 자격을 정지시키거나 빼앗아요.

재산형

　죄가 가벼운지, 무거운지를 따져
벌금을 내도록 하는 형벌이에요. 벌
금 낼 돈이 없으면 어떡하느냐고요?
그럴 경우엔 감옥에 들어가 일정 기

간 있어야 해요. 법을 어겨 가면서 부당한 방법으로 재산을 모았을 경우, 나라에서 그 재산을 모두 빼앗기도 해요.

자유형

사람을 감옥에 가두어 자유를 뺏는 형벌이지요. 죄가 가벼우면 며칠만 으로 끝나기도 하지만, 죄가 무거우 면 감옥에서 평생 지내야 하는 경우 도 있답니다.

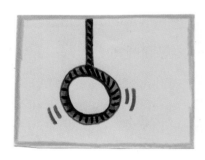

생명형

죄를 지은 사람의 목숨을 빼앗는 사 형을 뜻해요. 다른 사람을 죽이거나 나라를 혼란스럽게 만드는 등 끔찍한 죄를 지은 경우 받게 돼요. 네 가지 형 벌 가운데 가장 강력하고 무서운 벌이에요.

사형 제도는 세계적으로 점차 사라지고 있어요. 아무리 끔찍한 죄 를 저질렀다고 해도 사람의 생명을 함부로 빼앗을 수 없다는 생각이 커지고, 사형 제도가 범죄를 줄이는 효과가 없다는 전문가 의견이 많아졌기 때문이지요. 독일, 프랑스 등 세계 100여 개 나라에서는 이미 사형 제도를 없앴어요. 우리나라에는 아직 사형 제도가 남아 있지만, 1997년 이후로 사형을 실시한 적이 없답니다.

한번 정해진 법은 영원히 지켜야 할까?

    법은 시대에 따라 변하거나 없어지기도 해요. 사회가 바뀌고 사람들의 생각이 바뀌면서 법도 따라 변하는 것이지요. 물론 한번 만든 법을 바꾸는 건 쉽지 않아요. 법을 바꿔야만 하는 타당한 이유가 반드시 있어야 하지요.

    낡거나 필요 없어진 법을 바꾸는 일은 주로 국회에서 해요. 국회가 결정하기 어려운 법이나 우리나라 으뜸 법인 헌법과 관련된 법은 헌법 재판소에서 판단해 바꾸지요.

    헌법 재판소는 법이 헌법에 어긋나는지 공정하게 심사하고 결정하는 기관이에요. 대통령과 국회, 대법원장이 뽑은 아홉 명의 재판관이 모여 법을 해석하고 논의해 결정해요. 아홉 명 가운데 여

섯 명 이상이 '헌법에 어긋난다.'고 결정하면 그 법은 곧바로 힘을 잃게 돼요.

헌법 재판소의 결정으로 바뀐 대표적인 것이 호적법이에요. 호적법은 집의 주인을 뜻하는 호주(戶집 호 主주인 주)를 중심으로 가족을 정리했던 법으로, 이 법에 따라 호주는 남자만 될 수 있었어요. 즉 한 집의 호주는 아버지이고, 아버지가 안 계시면 첫째 아들이 호주가 됐지요.

2000년대에 들어서 호적법은 '남녀를 차별하는 낡은 법'이라는 주장이 많아졌어요. 시민 단체를 중심으로 호적법이 헌법에 어긋난다며 폐지해야 한다는 요구도 거세졌지요. 결국 헌법 재판소는 "호적법은 남녀를 차별하는 법으로, 헌법이 정한 평등 정신에 어긋난다."고 판결했어요. 마침내 2008년 호적법이 없어지고, 가족 관계의 등록 등에 관한 법률이 생겼답니다.

우리나라 법의 특징

 법은 아주 간단한 원칙에서 출발해요. '죄를 지으면 벌을 받는다.'는 것이죠! 그런 점에서 법은 무엇보다 공정해야 돼요. 억울한 사람이 생겨서는 안 되니까 말이에요.
 우리나라에서는 법이 공정하게 적용될 수 있도록 몇 가지 원칙을 정해 두고 있답니다.

재판이 끝나기 전까지는 죄인이 아니야 : 무죄추정의 원칙

 '무죄추정의 원칙'은 재판에 의해 죄가 있다고 판결이 나기 전까지는 죄가 없는 것으로 생각한다는 것이에요.
 "자신을 가스 검침원으로 속이고 도둑질을 한 것으로 추정되는 용의자 김 모 씨가 붙잡혔습니다."
 신문이나 뉴스를 보면 용의자의 얼굴을 모자이크로 가리고, 수갑 찬 손은 가리개를 덮어 보여 주지 않아요. 이름도 알려 주지 않고요.

> **용의자, 피의자, 피고인, 범인**
> **용의자** : 범죄를 저지른 것으로 의심받고 있는 사람
> **피의자** : 범죄를 저질렀다고 의심받고 있지만, 아직 재판을 받지 않은 사람
> **피고인** : 범죄를 저질렀다고 의심받아 재판을 받는 사람
> **범인** : 범죄를 저지른 사람

그 이유는 무엇일까요? 죄가 있다고 의심할 수는 있지만 그 죄가 확실히 밝혀지지는 않았기 때문이에요. 재판을 해서 옴짝달싹할 수 없는 증거가 나타났을 때, 그 죄도 인정된다고 할 수 있죠.

실제로 범인으로 몰렸다가 재판에서 죄가 없다고 판결이 난 사례가 꽤 있답니다.

법에 나오지 않으면 죄도 없고 벌도 없어 : 죄형법정주의

'죄형법정주의'는 죄와 형벌은 미리 법으로 정해야 한다는 원칙이에요. 헌법 13조에는 '모든 국민은 법률에 의해 처벌받는다.'는 말이 있어요. 뒤집어서 생각하면 법률에 나와 있지 않으면 처벌받지 않는다는 뜻이에요. 어떤 행동이 죄가 되고 죄를 지으면 어떤 처벌을 받는지 법에 다 나와 있답니다.

죄형법정주의를 정한 이유는 억울하게 벌을 받는 사람을 만들지 않기 위해서예요. 권력이 있다고 제멋대로 죄인으로 만들거나, 섣부르게 판단해 죄 없는 사람에게 형벌을 내리지 못하게 하려는 것이지요.

과거의 죄는 과거의 법으로 해결해 : 법률불소급의 원칙

'법률불소급의 원칙'은 어떤 법이 새로 만들어졌을 때, 그 법이 생기기 전에 한 행동을 벌할 수 없다는 원칙이에요. 다시 말해 새로 만든 법은 만들어진 그 순간부터 효력이 생긴다는 뜻이지요.

오늘부터 "대한민국 어린이는 하루에 게임을 3시간 넘게 하면 벌을 받는다."는 법이 생겼다고 해 볼까요? 어제 3시간 넘게 게임을 한 것은 문제가 없지만, 오늘 3시간 넘게 게임을 했다면 법을 어겨 벌을 받게 된답니다.

지금까지 별문제 없던 행동이 나중에 만들어진 법에 의해 죄가 된다면 사람들은 불안해질 거예요. 언제든 새로운 법이 생겨서 과거의 일을 꼬투리 잡아 벌을 받을 수 있으니까요. 이미 판결이 난 사건도 새로 생긴 법에 의해 언제 그 결과가 바뀔지 모르니, 법 자체를 믿지 못하는 사람도 많아지겠죠?

한번 판결이 난 사건은 다시 재판할 수 없어 : 일사부재리의 원칙

'일사부재리의 원칙'은 재판에서 최종 판결을 내리면, 같은 사건으로 다시 재판할 수 없다는 뜻이에요. 한 사건으로 처벌을 받으면 더 이상 죄를 묻지 않는다는 말이지요.

한 사건에 대해 몇 번이고 다시 재판할 수 있다면, 판결을 내리는 의미가 없을 거예요. 언제든 결과가 바뀔 수 있고, 새로운 증거가 나온다면 몇 번이고 다시 재판하면 그만이니까요.

그렇다고 딱 한 번만 판결하는 건 너무한 거 아니냐고요? 그래서 최종 판결까지 모두 세 번 재판을 할 수 있어요. 이를 **삼심 제도**라고 하지요.

하지만 예외의 경우도 있어요. 최종 판결이 났더라도, 완벽하게 잘못된 재판인 것이 인정되거나 결정적인 증거가 나타났을 때는 재판이 다시 열리기도 한답니다.

삼심 제도
한 사건에 대해 세 번 재판을 받을 수 있는 제도예요. 지방 법원, 고등 법원, 대법원의 순으로 재판받지요. 마지막 대법원에서 판결이 나면 그 결과를 인정해야 해요.

똑같은 죄라도 법이 내리는 형벌은 달라

　죄가 같으면 형벌도 똑같아야 할까요? 다음 사건을 잘 생각해 보세요.

　A와 B 두 사람이 재판을 받게 되었어요. 재판을 받게 된 이유는 사람을 떠밀어 크게 다치게 했기 때문이지요. 그런데 두 사람의 사연을 들어 보니 사정이 달랐어요.

　A는 말다툼을 하다가 너무 화가 난 나머지 일부러 상대를 세게 떠밀어 다치게 했어요. B는 낯선 사람이 자신을 끌고 가려고 하자, 끌려가지 않으려고 하다 상대를 다치게 했지요.

둘 다 사람을 떠밀어 다
치게 한 결과는 같았지만
재판에서는 두 사람에게
다른 판결을 내렸답니다.
A에게는 벌을 주고 B에
게는 죄가 없다고 판결했
어요.

　법에서 죄를 판단할 때는 그 결과만을 보지는 않아요. 어떤 목적
으로 죄를 지었는지부터 따져요. A는 상대를 다치게 하려는 의도가
있었지만, B는 그런 의도가 없었어요. 눈앞에 닥친 위험을 피하려다
가 일어난 사고일 뿐이지요. 이와 같은 경우를 '정당방위'라고 해요.
자신을 보호하려다 생긴 정당한 행동이라는 뜻이에요.
　집에 도둑이 들어서 맞서 싸우다 도둑을 다치게 한 경우, 자신을
때리려는 사람의 팔을 잡거나 뿌리쳤다가 상대를 다치게 한 경우도
정당방위에 속하겠지요.
　이처럼 결과만을 보지 않고 그 의도를 따져 억울한 사람이 생기지
않도록 하는 것도 법의 중요한 역할이랍니다.

규범

우리가 살아가는 사회에서 꼭 지켜야 할 약속

```
                        규범
   ┌──────────┬──────────┼──────────┐
```

관습	도덕	법	예절
오랫동안 되풀이되어 전해져 내려오는 규범	사람으로서 마땅히 지켜야 할 행동이나 마음가짐	국가가 강제로 지키도록 만든 사회 규범	존중하는 마음을 담아서 하는 말투나 몸가짐

법의 종류

헌법 ----------> 우리나라 으뜸 법

법률 ----------> 국민의 대표인 국회 의원이 만든 법

명령 ----------> 행정부에서 만든 법

조례·규칙 ----------> 지방 자치 단체나 지방 자치 단체장, 대법원, 감사원 등이 만든 법

법을 어기면 어떤 형벌을 받을까?

- **명예형** : 자격을 빼앗거나 정지시키는 형벌
- **재산형** : 죄가 가벼운지, 무거운지를 따져 벌금
  을 많이 물리거나 적게 물리는 형벌
- **자유형** : 감옥에 가두어 자유롭게 움직이지 못하게 만드는 형벌
- **생명형** : 죄를 지은 사람의 목숨을 빼앗는 형벌

우리나라 법의 특징

- **무죄추정의 원칙** : 재판에 의해 판결이 나기 전까지는 모두 무죄예요.
- **죄형법정주의** : 죄와 벌은 법률이 정한 대로 따른다는 원칙이에요.
- **법률불소급의 원칙** : 새로 법을 만들었을 때, 법이 만들어지기 전에
  한 행동을 벌할 수 없어요.
- **일사부재리의 원칙** : 한번 판결이 나면 다시 재판할 수 없어요.

같은 죄를 지었어도 그 의도에 따라 벌은 달라질 수 있어요.

나라끼리 지켜야 하는 법 '국제법'

　세계의 나라들은 서로 밀접한 관계를 맺고 있어요. 지구촌이라고 불릴 만큼 가까워져 다른 나라를 여행하기도 쉬워졌고, 무역을 통해 서로 필요한 상품이나 서비스를 주고받기도 하지요.

　나라와 나라 사이에 다툼이나 문제가 생겼을 땐 어떻게 할까요? 그럴 때에는 국제법을 따르면 된답니다. 국제법은 나라와 나라 사이에서 지켜야 할 권리와 의무를 정한 법이에요.

　국제법의 종류에는 나라와 나라 사이에 맺는 조약, 유엔(UN, United Nations)과 같은 국제기구에서 의논하고 결정한 국제 규범 등이 있어요. 우리나라와 미국이 물건을 사고파는 규칙을 정한 한·미 자유 무역 협정(FTA), 지구 온난화*를 막기 위해 탄소 배출을 줄이자고 합의한 교토 의정서 모두 국제법이에요.

　국제법을 처음 만든 사람은 네덜란드의 학자 후고 그로티우스(1583~1645)예요. 수많은 전쟁을 겪었던 그로티우스는 전쟁을 막기 위해서 나라와 나라 사이에 지켜야 할 규칙을 정해야 한다고 생각했어요. 이 생각이 발전해 오늘날의 국제법이 탄생하게 되었답니다.

　간혹 국제법을 지키지 않아 나라끼리 분쟁이 커질 수도 있어요.

그럴 때는 유엔에서 만든 국제 사법 재판소가 문제를 해결해요. 국적이 다른 15명의 법관이 두 나라의 주장을 듣고 판결을 내리지요.

어떤 나라가 판결 결과가 마음에 들지 않는다고 따르지 않으면 어떻게 될까요? 그럴 땐 상대 나라에서 유엔 안전 보장 이사회*에 소송*을 할 수 있어요. 안전 보장 이사회는 재판 결과에 따르지 않은 나라를 설득하거나 불이익을 주는 등의 조치를 취하지요.

⭐ **지구 온난화** 지구의 기온이 높아지는 현상
⭐ **유엔 안전 보장 이사회** 국제 평화와 안전을 유지하는 유엔의 주요 기구
⭐ **소송** 다툼이 생겼을 때 옳고 그름을 가려 달라고 법원에 요청하는 일

이상한 나라의 앨리스, 이상한 재판에 휘말리다

역사 법의 역사

억울해요. 전 그저 공을 멀리 보내려고 했는데, 실수로 그만….

앨리스가 일부러 내 얼굴을 향해 공을 쳤어요. 예쁜 얼굴을 망가뜨릴 속셈이었던 게 분명해요. 그러니 사형을 시켜야 해요!

'눈에는 눈 이에는 이'. 함무라비의 법에 따라 벌을 내리겠소. 앨리스가 여왕의 얼굴을 다치게 했으니, 여왕도 앨리스의 얼굴을 다치게 하시오!

곡식으로 보상하는 건 공평하지 않아! 똑같이 다치게 해야지!

무슨 소리! 여왕을 다치게 한 것은 사실이지만 일부러 그런 것은 아니오. 그러니 고조선의 8조법에 따라 앨리스는 여왕에게 곡식으로 보상하시오!

일부러 그런 게 아니니까 곡식으로 보상해도 돼!

내 판결대로 해!

무슨 소리! 내 판결을 따르라고!

오잉? 근데 왜 판결이 달라?

엇? 삼촌이 여긴 어떻게?

각자 다른 법으로 판결 했으니까!

너 따라왔지! 그나저나 판결이 왜 다르게 나왔는지 알고 싶어? 그러려면 법의 역사를 알아야 해!

최초의 법은 어떻게 생겨났을까?

아주 오랜 옛날부터 나라가 새로 탄생하거나 새로운 왕이 왕위에 오르면 가장 먼저 법을 정리하거나 새로 만들었어요. 법이 사회 질서를 바로잡고 권력을 모으는 강력한 통치 수단이었기 때문이에요. 새로 만든 법은 돌에 새기거나 문서로 기록해 모든 백성이 볼 수 있도록 했어요.

고대의 법을 보면 매우 단순하고 엄격해요. 죄를 지으면 사형을 시키거나 때리는 벌이 대부분이었어요. 죄인을 벌할 때는 일부러 넓은 광장에서 모든 사람들이 구경할 수 있도록 했어요. 사형당하는 장면이나 매 맞는 끔찍한 장면을 보고 공포심을 느껴 죄를 짓지 못하게 만들려는 목적이 있었지요.

고조선을 세운 단군

그러다 사회가 커지고 문명이 발달하면서 법도 복잡해졌어요. 사람들이 지켜야 할 규칙도 많아지고, 그 형벌도 다양해진 것이지요.

우리나라 최초의 법은 고조선에서 만든 **8조법**이에요. 법 조항이 8개여서 8조법이라고 하는데, 오늘날에는 3개의 조항만이 전해지고 있어요.

〈고조선의 8조법〉

- 사람을 죽이면 사형시킨다.
- 남을 다치게 하면 곡식으로 갚는다.
- 도둑질을 하면 종으로 삼는다. 단, 용서를 받으려면 50만 전을 내놓아야 한다.

죄를 지으면 벌을 받는 요즘의 법과 비슷한 것 같나요?

8조법은 당시의 법 말고 다른 사실도 알려 주고 있어요. 눈치챘나요? 도둑질을 하면 종으로 삼는다는 조항에서 당시 신분 제도가 있었다는 사실을 짐작할 수 있어요. 이처럼 법은 그 시대의 제도나 문화도 알려 주는 귀한 역사적 자료랍니다.

최초의 법전 '우르남무 법전'

세계 최초의 법전은 '우르남무 법전'이에요. 수메르의 우르남무왕
이 만들었다고 해서 그 이름도 우르남무 법전이지요. 기록으로 남아
있는 것 가운데 가장 오래됐어요.

수메르는 세계 문명이 탄생한 네 곳 중 하나인 메소포타미아 지역
에 처음 자리를 잡은 나라예요. 메소포타미아는 티그리스강과 유프
라테스강이 만나는 곳으로, 지금의 이라크 지역에 위치해 있어요.

수메르는 일찌감치 문명*이 발달한 국가였어요. 양과 가축을 기르고, 바퀴 달린 수레를 사용했지요. 달과 행성을 관측해 달력을 만들었으며, 홍수에 대비해 둑을 쌓고 저수지를 만드는 등 뛰어난 문명을 자랑했어요.

오늘날처럼 국경이 정해지지 않은 고대 국가에는 영토를 차지하려는 전쟁들이 아주 잦았답니다. 지금으로부터 약 4,000년 전 수메르의 왕이 된 우르남무는 영토를 넓히고 나라의 체계를 정비했어요.

또 평화로운 나라를 만들기 위해 엄격한 법전을 만들었지요. 그것이 바로 우르남무 법전이에요.

우르남무 법전은 점토판에 수메르어로 쓰여 있어요. 모두 57개의 법 조항이 실려 있으며, 그중 40개의 내용만이 알려져 있지요.

우르남무 법전은 1952년에 처음 발견됐어요. 그전까지 세계 최초의 법전이라고 알려졌던 '함무라비 법전'보다 300년 정도 먼저 만들어졌지요.

우르남무 법전 중에서

- 살인을 저지르면 사형시킨다.
- 남의 물건을 훔치면 사형시킨다.
- 어린이를 납치한 사람은 감옥에 가두고 은 15쉐켈을 내게 한다.

★ **문명** 학문·기술·예술 등이 발전된 것을 이르는 말

눈에는 눈 이에는 이 '함무라비 법전'

메소포타미아 지역은 먹을 것이 풍부하고 여러 나라들이 오가는 중요한 통로였어요. 그래서 이곳을 차지하려는 싸움이 잦았지요.

수메르가 멸망한 뒤 여러 나라들의 싸움터가 되었던 메소포타미아 지역은 마침내 바빌로니아가 차지하게 되었어요.

바빌로니아가 가장 번성했던 시기는 함무라비왕이 나라를 다스렸던 때예요. 야심 찬 함무라비왕은 군사들을 훈련시켜 다른 나라를 정복하고 더욱 영토를 넓혔답니다. 나라의 규모가 커지면서 왕의 힘이 미치지 못하는 지역이 생기자 함무라비왕은 법전을 비석에 새겨 주요 지역에 세웠어요. 이때까지 판결한 내용 가운데 모범이 될 만한 282개의 법 조항을 정리한 것이었지요. 이것이 바로 함무라비 법전이에요.

2미터가 넘는 돌기둥에 새겨져 있는 함무라비 법전은 1901년에 발견되었고, 지금은 프랑스 루브르 박물관에 보관되어 있답니다.

함무라비 법전에서는 복수도 정당한 행동으로 여겨요. '눈에는 눈, 이에는 이'라는 말처럼, 피해를 입은 사람은 죄를 저지른 사람에게 똑같은 방법으로 복수할 수 있었어요. 다만 복수의 방법은 신분에 따라 달랐어요. 평민이 귀족의 눈에 상처를 입히면 귀족은 평민의 눈에 상처를 입힐 수 있었어요. 하지만 귀족이 평민에게 상처를 입히면 벌금을 내고 끝났지요.

그럼에도 불구하고 함무라비 법전은 정의로운 법으로 평가받아요. 신분 차별을 당연하게 여겼던 시대였음에도 불구하고, 법전 내용 가운데 어린아이나 여자 등 약한 사람을 보호하는 내용이 많았기 때문이지요.

함무라비 법전 중에서

- 14조 : 다른 사람의 자식을 훔친 자는 죽인다.
- 134조 : 남편이 포로가 되어 집에 먹을 것이 없으면, 그의 아내는 다른 남자 집에 들어가 살아도 된다.
- 196조 : 평민이 귀족의 눈을 다치게 하면, 그의 눈을 다치게 한다.
- 200조 : 귀족이 자기와 같은 계급의 사람 이를 다치게 하면, 그의 이를 다치게 한다.

유럽 근대법의 길잡이 '유스티니아누스 법전'

로마는 이탈리아의 수도로 알려져 있지만 기원전 5세기경에는 세계를 지배한 거대한 제국이었답니다. 거대한 로마 제국의 역사를 살펴볼까요?

로마는 약 2,900년 전 오늘날 이탈리아의 작은 도시 국가로 출발했어요. 원로원을 두어 국가의 중요한 일을 의논하던 로마는 차츰 국가의 기초를 다지며 세력을 넓혀 갔지요. 율리우스 카이사르를 비롯한 지도자들이 뛰어난 전략으로 잇따라 전쟁에 승리하면서 유럽은 물론 아시아, 아프리카까지 영토를 차지했어요.

세계를 지배하던 로마는 계속되는 권력 싸움과 이웃 민족의 침략으로 점차 쇠퇴하다 395년경 동로마와 서로마로 갈라지고 말았답니다. 서로마는 다른 나라의 침입을 견디지 못하고 476년 멸망했고, 동로마는 그로부터 천 년을 더 이어 나갔지요.

동로마는 유스티니아누스 황제가 다스리던 500년경 가장 발전했어요. 유스티니아누스 황제는 '옛 로마의 영광을 되찾겠다.'고 선포하고 정복 전쟁을 펼쳐 다시 영토를 넓혀 갔지요. 옛날 로마 제국의 영토를 대부분 차지할 정도였어요.

넓어진 영토를 잘 다스리기 위해서는 그만큼 강력한 법이 필요했어요. 그 전의 로마 제국 때부터 시행되던 법은 그 자체로 훌륭했으나 통일되지 못하고 마구 섞여 혼란스러웠어요. 왕이 바뀔 때마다

법을 새로 만들거나 고쳤기 때문이에요. 종종 한 가지 사건에 다른 판결을 내리는 우스꽝스러운 일도 있었지요. 유스티니아누스 황제는 이 혼란스러운 로마법을 12권으로 정리했어요. 이것이 유스티니아누스 법전이에요.

유스티니아누스 법전은 뒷날 유럽의 여러 나라들이 법을 만드는 데 큰 영향을 미쳤어요. 많은 나라들이 이 법전을 토대로 법을 만들어 유럽 근대법*의 길잡이가 되었지요.

★ **근대법** 현대 사회의 특징이 나타나기 시작한 가까운 과거에 만들어진 법으로, 경제 활동의 자유를 보장하고 있는 것이 특징

국민의 권리를 처음으로 인정한 '대헌장'

옛날에는 왕이 나라를 다스리는 수단으로 법을 이용하였어요. 국민들의 권리를 지켜 주는 오늘날의 법과는 그 목적이 달랐지요. 언제부터 법이 국민들의 권리를 지켜 주기 시작했을까요? 그 시작은 대헌장(마그나 카르타)에서부터예요.

대헌장은 영국 역사상 가장 못난 왕으로 불리는 존왕 때 만들어졌어요. 1199년 조카를 죽이고 왕이 된 존왕은 자신이 왕위에 오른 것을 못마땅하게 여기는 프랑스에 전쟁을 걸었다가 도리어 져서 많은 영토를 빼앗기고 말았지요.

엎친 데 덮친 격으로 왕과 맞설 정도로 큰 권력을 가진 교회와도 사이가 나빴어요. 대주교를 정하는 문제로 교황에 맞섰다가 왕의 자리에서 쫓겨날 위기에 몰리기도 했지요. 영국의 땅을 교회에 바치

고서야 겨우 왕의 자리를 지킬 수 있었답니다.

이처럼 늘 제멋대로 행동해 문제를 일으키던 존왕이 전쟁을 빌미로 세금을 올리자, 참았던 영국 백성들의 불만도 폭발했어요. 1215년 귀족들이 먼저 행동에 나섰어요. 왕이 함부로 세금을 거두거나 나랏일을 결정하지 못한다는 내용의 문서를 들고 와 존왕에게 내밀었지요. 백성과 귀족의 믿음과 힘을 잃은 존왕은 귀족들이 내민 문서에 서명할 수밖에 없었답니다. 63개조로 정리된 이 문서가 바로 대헌장이에요.

대헌장은 귀족들의 특권을 확인한 문서이기도 해요. 무슨 일이든 귀족과 의논하고 귀족의 허락을 받아야 한다는 내용이 담겨 있었거든요.

그러다 1600년대에 이르러 대헌장은 귀족뿐 아니라 국민 전체의 권리와 자유를 보호하는 법으로 넓게 해석되면서 근대 영국 헌법의 기초가 되었답니다.

대헌장 중에서

- 왕은 함부로 세금을 거두어들일 수 없다.
- 교회는 국왕의 명령을 받지 않는다.
- 자유인(성직자·귀족 등 영국인 일부)은 법에 근거한 재판 없이
  체포당하거나 재산을 빼앗기지 않는다.

미국 헌법만큼 중요한 '미국 독립 선언서'

콜럼버스가 처음 아메리카 대륙을 발견한 뒤, 많은 유럽 사람들이 이곳으로 건너왔어요. 특히 영국인들은 주로 북아메리카 지역으로 건너와서 식민지 미국을 세웠지요.

영국은 식민지 미국에 각종 세금을 거두었어요. 그러던 중 식민지 사람들의 불만이 폭발한 사건이 일어났어요. 바로 '보스턴 차 사건'이에요.

당시 식민지 미국에 차를 팔던 영국은 식민지의 상인들이 차를 파는 것을 금지했어요. 또 차에 비싼 세금을 매겼지요. 오로지 영국만 차를 팔 수 있게 꾀를 낸 것이에요.

보스턴 차 사건을 그린 그림

차를 팔 수 없게 된 상인들과 비싼 세금을 치르고 차를 마셔야 했던 식민지 사람들은 화가 나 영국 배가 들어오는 보스턴 항구로 몰려 갔어요. 그리고는 배에 쌓여 있던 차를 모조리 바다에 버렸어요.

보스턴 차 사건을 계기로 독립의 중요성을 깨달은 식민지 미국은 1776년 독립 선언서를 발표했어요. 그로부터 7년 뒤 영국과의 전쟁을 끝내고 독립 국가가 될 수 있었답니다. 이 나라가 바로 오늘날의 미국이에요. 미국의 첫 대통령은 당시 총사령관이었던 조지 워싱턴

독립 선언서를 쓴 토머스 제퍼슨   독립 선언서에 서명하는 식민지 대표들을 그린 그림

이 맡게 되었어요.

오늘날의 미국을 있게 한 독립 선언서는 토머스 제퍼슨이 썼어요. 정치가이자 변호사였던 그는 건국의 아버지라고 불리며 미국 3대 대통령이 되었지요.

독립 선언서는 발표 당시에는 눈길을 끌지 못했지만 이후 세계 많은 법에 영향을 끼쳤어요. 특히 '모든 인간은 평등하게 태어났으며 생명과 자유, 행복을 추구할 권리가 있다.'는 내용은 민주주의를 가장 잘 나타낸 것으로 평가받아요.

민법의 뿌리가 된 '나폴레옹 법전'

나폴레옹 법전은 함무라비 법전, 유스티니아누스 법전과 함께 세계 3대 법전으로 꼽혀요.

나폴레옹 법전이 만들어진 배경을 알기 위해서는 태양왕이라고 불리는 프랑스 루이 14세까지 거슬러 올라가야 해요. 당시 호화로운 생활과 계속되는 전쟁으로 세금을 죄다 써 버린 루이 14세는 더 많은 세금을 거두어 모자란 돈을 메우려고 했어요.

루이 16세에 이르러서도 상황은 나아지지 않았어요. 오히려 더 많은 세금을 거두어 가난에 찌든 시민들의 불만이 곳곳에서 터져 나왔지요. 그런데도 루이 16세는 시민 대표, 귀족 대표를 불러 모아 세금을 더 올리려고 했지요. 소식을 전해 들은 사람들은 바스티유 감옥으로 몰려갔어요. 바스티유 감옥은 왕에게 반대하는 정치인들을 가두는 곳이었지요. 1789년 이렇게 프랑스 혁명이 시작되었어요. 도망치다 붙잡힌 루이 16세는 끝내 사형당했답니다.

프랑스 사람들은 '국가의 힘은 왕이 아니라 국민에게 있다.'고 선언했어요. 그리고 왕이 나라를 다스리는 제도를 없애고, 국민의 대표자를 뽑았지요.

그런데 왕의 시대가 끝나고 곧 평화가 찾아올 것이라는 사람들의 바람과는 달리, 좀처럼 평화는 찾아오지 않았어요. 이때 나타난 인물이 나폴레옹이에요.

프랑스를 위협하는 다른 나라들을 내쫓아 국민 영웅으로 떠오른 군인 나폴레옹은 그 인기를 이용해 스스로 황제가 되었답니다.

나중에 전쟁에서 패하고 죽을 때까지 세인트헬레나섬에 갇혀 지낸 나폴레옹은 영웅으로 평가되기도, 실패한 지도자로 평가되기도 해요. 하지만 그의 대표적인 업적을 하나 꼽으라면 법전을 만든 것이에요.

나폴레옹의 이름을 딴 '나폴레옹 법전'에는 '모든 사람은 법 앞에서 평등하다', '귀족의 특권을 없앤다', '종교와 직업을 선택할 자유가 있다', '개인의 재산을 인정한다' 등의 내용이 담겨 있답니다.

이 법전은 유럽 곳곳으로 전해졌고, 오늘날 민법의 기초가 되었어요.

내가 바로 나폴레옹.

나폴레옹 법전 중에서

- 성직자와 귀족이 세금을 내지 않던 것을 포함한 신분에 따른 특권을 없앤다.
- 개인의 재산은 법에 의해서 보호된다.
- 결혼한 부부는 공동으로 재산을 가지며, 이혼하면 똑같이 나눈다.

역사 속에서 찾은 중요한 법들

**기원전 2100년경
우르남무 법전**

- 수메르 우르남무왕이 만든
  세계 최초의 법전

**529~534년
유스티니아누스 법전**

- 동로마의 유스티니아누스
  황제가 만든 법
- 예부터 전해 내려오던 로마
  법을 모으고 정리함

**기원전 1750년경
함무라비 법전**

- 바빌로니아 함무라비왕이 만
  든 법전으로 '눈에는 눈 이에
  는 이' 원칙이 특징
- 우르남무 법전 발견 전까지
  세계 최초의 법전으로 알려져
  있었음

1215년
대헌장

- 무능한 영국 존왕에 맞선 귀족들이 만든 문서
- 처음엔 왕의 권한을 제한하고 귀족들의 권리를 인정하는 내용이었으나, 차츰 국민 전체의 권리와 자유를 지켜야 한다는 내용으로 해석되기 시작함
- 영국 헌법의 기초가 됨

1776년
미국 독립 선언서

- 영국으로부터의 독립을 선언한 문서
- 모든 사람은 평등하다는 민주주의 정신이 잘 드러남

1804년
나폴레옹 법전

- 나폴레옹이 만든 프랑스 민법으로 오늘날까지 적용되고 있음
- 성직자와 귀족의 특권을 없애고, 모든 사람은 법 앞에 평등하다는 내용이 담김

세상에 이렇게 나쁜 법이?

미국 짐 크로 법·금주법

짐 크로 법은 1876년 미국에서 만들어진 법이에요. 백인이 흑인보다 우월하다는 편견으로 만든 법이지요. 이 법이 정해진 이후 흑인은 백인과 같은 학교·병원·식당에 갈 수 없었어요. 출입구·화장실마저 따로 만들었고, 하다못해 수도꼭지도 따로 사용했지요. 무려 100년 가까이 지속되던 이 법은 1965년에 사라졌답니다.

금주법은 술을 만드는 것을 금지한 법이에요. 미국의 금주법은 1920년 처음 생겼어요. 술은 곡물을 발효시켜 만드는데, 식량이 부족해지자 술을 만들지 못하게 한 것이죠.

사람들은 술을 구할 수 없게 되자 몰래 집에서 술을 만들거나 다른 사람이 만든 술을 몰래 사서 마셨어요. 범죄 조직이 술을 만들어 팔다가 싸움을 벌여 사람이 목숨을 잃는 일도 생겨났지요. 문제가 커지자 미국은 1933년에 금주법을 없앴답니다.

독일 뉘른베르크법

독일인을 세계에서 가장 우수한 민족으로 여겼던 독재자 히틀러*는 독일인을 다른 민족, 특히 유대인*과 차별하는 법을 만들었어요. 바로 1935년에 만든 뉘른베르크법이에요.

뉘른베르크법 제1조는 '독일인과 유대인은 결혼할 수 없다.'예요. 독일인이 우수한 혈통을 이어 가려면 유대인과 결혼해서는 안 된다는 주장이었지요. 이 법 때문에 600만 명이 넘는 유대인이 안타깝게 목숨을 잃기도 했어요. 이 법은 1945년 독일이 제2차 세계 대전에서 지고, 히틀러가 죽으면서 사라졌어요.

사우디아라비아 여성 운전 금지법

사우디아라비아에는 여자는 운전할 수 없다는 법이 있어요. 심지어 45세가 되지 않은 여자 혼자 여행을 갈 수도 없지요.

사우디아라비아 정부는 전통적으로 여자는 보호받아야 하기 때문에 이러한 법을 만들었다고 말하지만, 여성에 대한 차별이라고 비판하는 주장도 많답니다.

★ **히틀러(1889~1945)** 제2차 세계 대전을 일으킨 독일의 지도자
★ **유대인** 유대교를 믿는 민족

법을 알고 나를 알면 백전백승?

사회 알아 두면 좋은 생활 속 법

콩지의 방학 생활 계획표

아침 7~9시 : 아침 식사 준비
9시~10시 : 빨래하기
10시~11시 : 청소하기
11시~12시 : 점심 식사 준비
12~2시 : 강아지 산책시키기
2~4시 : 팡지 방학 숙제 해 주기
......

이게 뭐야? 엄청난 일정들이….

제 방학 생활 계획표예요. 쉴 시간도 없고 정말 괴로워요!

윽, 끔찍해! 난 저렇게 못 살아!

자라나는 어린이에게 이렇게 많은 일을 시키다니. 말도 안 돼!

저도 놀고 싶어요! 아니 하루 종일 공부만 해도 좋으니 집안일은 그만하고 싶어요!

하루 종일 공부하는 게 좋다고?!

걱정 마렴. 네 문제는 법으로 해결할 수 있어. 이건 '아동 복지법'에 어긋나는 일이니까.

우리나라에는 **아동 복지법**이 있어. 아동 즉 어린이가 행복하고 건강하게 자랄 수 있도록 보호해 주는 법이지. 이 법에 따르면 어린이에게 나이에 맞지 않은 심한 일을 시키지 못하게 되어 있어.

그럼 이제 집안일을 덜 해도 되나요? 저도 놀아도 되는 거예요?

당연하지! 만약 새엄마가 법을 어기고 너에게 계속 집안일을 시킨다면, 감옥에 갈 수도 있단다!

아, 진작 아동 복지법을 알았으면 이렇게 억울하게 살지 않았을 텐데….

법을 알면 나라의 보호를 받을 수 있고, 스스로를 지킬 수도 있단다.

로이 너 이상하게 기분 좋아 보인다.

아, 아냐.

다음 날

엄마! 아동 복지법을 지켜 주세요! 학교 가기 싫어요 하루 8시간 놀게 해 주세요

이러려고 어제 기분이 좋았구먼! 아동 복지법에 어린이는 반드시 학교에 가야 한다는 내용도 있거든!

보이지 않는 폭력, 사이버 불링

"딩동~".

연지의 휴대 전화가 울렸
어요. 반 친구가 대화방에
초대하는 메시지였지요. 채팅
방에 접속하니 10명이 넘는 반 친구
들이 이미 모여 있었어요. 학교
에서는 연지를 모른 척하던 아
이들이 채팅방에 초대를 해 준 거
예요. 연지는 기분이 좋아서 먼저
"안녕?" 하고 인사했어요.

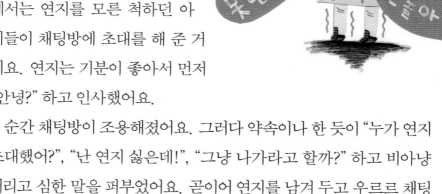

순간 채팅방이 조용해졌어요. 그러다 약속이나 한 듯이 "누가 연지
초대했어?", "난 연지 싫은데!", "그냥 나가라고 할까?" 하고 비아냥
거리고 심한 말을 퍼부었어요. 곧이어 연지를 남겨 두고 우르르 채팅
방을 나갔지요.

그날 뒤로도 비슷한 상황이 자주 일어났어요. 연지가 먼저 채팅방
에서 나가거나, 아예 초대에 응하지 않으면 되지 않느냐고요? 해 보
지 않은 게 아니에요. 그렇게 하면, 왜 자신들의 초대를 거절하느냐
고 찾아와 못살게 굴었지요. 휴대 전화를 보는 연지의 얼굴이 어두워
졌어요.

사이버 불링(cyber bullying)은 사이버 공간을 이용한 따돌림이에요. 휴대 전화 메신저나 SNS★ 등을 이용해 심한 말을 하거나 나쁜 소문을 퍼뜨리는 등 상대를 괴롭히는 행동을 일컫는 말이지요.

사이버 불링을 가벼운 장난이라고 생각하면 안 돼요. 법에서는 사이버 불링을 **학교 폭력**으로 정의한답니다. 학교 폭력은 학교 안팎에서 학생에게 신체적·정신적으로 피해를 주는 범죄예요. 때리고, 욕하고, 강제로 심부름을 시키고, 따돌리는 등 남을 괴롭히는 행동을 학교 폭력이라고 볼 수 있죠.

학교 폭력을 일으킨 가해★ 학생은 법에 의해 처벌을 받아요. 어른이 아니기 때문에 벌금을 내거나 감옥에 보내지는 않지만, 반성문을 쓰거나 봉사 활동을 하지요. 그 죄가 무겁다고 판단되면 다른 학교로 전학을 보내거나 퇴학시킬 수도 있어요.

학교 폭력 예방 및 대책에 관한 법률 중에서
- 가해 학생은 피해 학생에게 반성하는 글을 써서 보낸다.
- 가해 학생은 피해 학생을 따로 만나거나 협박하거나 앙갚음해서는 안 된다.
- 가해 학생은 학교에서 봉사 활동을 해야 한다. 또 일정한 시간 동안 특별 교육을 들어야 한다.
- 정도가 심할 경우 가해 학생의 반을 바꾸거나 전학, 퇴학시킨다.

★ **SNS(Social Network Service)** 온라인으로 다른 사람과 관계를 맺게 해 주는 서비스
★ **가해** 다른 사람에게 해를 끼치는 것

떼어먹힌 월급, 받을 수 있을까?

　고등학생인 주연이는 방학 동안 편의점에서 아르바이트를 했어요. 손님이 골라 온 물건을 계산하고, 물건이 떨어지지 않도록 얼른 채우고, 음식을 먹고 간 자리의 쓰레기도 치워야 했지요.

　일이 힘들었지만, 처음 혼자 힘으로 돈을 번다고 생각하니 신이 났어요. 그렇게 한 달이 지나고 월급날이 코앞으로 다가왔어요.

　월급날, 편의점 주인이 봉투를 내밀며 이렇게 말했어요.

　"넌 고등학생인 데다 처음 일하는 거니까 월급을 다 줄 수 없어."

　월급봉투에는 처음 약속한 돈의 3분의 2만 들어 있었어요. 주연이가 억울하다고 말했지만 되돌아온 건 "억울하면 그만둬!"란 대답뿐이었지요.

억울하면
그만둬!

요즘 패스트푸드점이나 편의점에서 아르바이트를 하는 중·고등학생들이 많죠? 그런데 이런 학생들이 법을 잘 모른다는 점을 이용, 얌체 짓을 하는 어른들이 있어요. 월급이나 쉬는 시간도 제대로 주지 않고요. 노동을 시키고 정당한 대가를 주지 않는 것은 **근로 기준법**에 어긋나는 일이에요.

어떤 곳에서 일을 할 때는 근로 계약을 해요. 일을 하면 고용주*가 그 대가로 얼마를 주겠다고 약속을 하는 것이지요. 이때 몇 시간을 일하고 얼마를 받을지 등을 정해 문서로 만드는데, 이것이 근로 계약서예요. 근로 계약서는 나중에 문제가 생기면 중요한 자료로 쓸 수 있으니 반드시 잘 보관해야 해요.

근로 기준법에 따르면 15세 이상부터 일을 할 수 있어요. 단 18세 미만이면 부모님께 허락을 받아야 해요. 일하는 시간은 보통 하루 7시간을 넘길 수 없어요.

주연이처럼 일을 하다가 억울한 일을 당했을 땐 고용노동부(대표 전화 1350)에 신고하면 도움을 받을 수 있어요.

근로 기준법 중에서
• 고용주가 근로 기준법을 어기면 2년 이하의 징역이나 2,000만 원 이하의 벌금을 내야 한다.

⭐ **고용주** 대가를 주고 사람을 부리는 사람

무료로 애니메이션을 내려받아도 될까?

　시완이는 학교 수업이 끝나자마자 한달음에 집으로 달려갔어요. 얼마 전에 인터넷에서 무료로 애니메이션을 내려받았거든요.

　영화관에 직접 가서 보고 싶었지만 그러지 못해 무척 아쉬웠던 애니메이션이었어요. 그런데 돈도 내지 않고 공짜로 볼 수 있게 되다니! 시완이는 완전 신이 났지요.

　애니메이션을 보려고 컴퓨터를 켠 시완이는 먼저 이메일부터 확인하기로 했어요. 그런데 이게 무슨 일이죠? 경찰서에서 이메일이 온 게 아니겠어요?

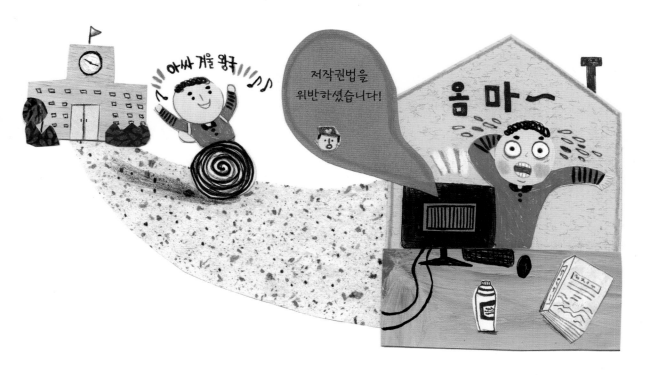

"저작권법을 위반하셨습니다. 조사가 필요하니 OO 경찰서로 OO 월 OO일 O시까지 오시기 바랍니다."

저작권법은 뭐고 경찰서에는 왜 가야 하는 걸까요? 덜컥 겁이 난 시완이는 눈앞이 캄캄해졌지요.

인터넷에는 무료로 노래·영화 등을 내려받을 수 있는 사이트가 많아요. 많은 사람들이 이런 사이트를 통해 노래나 영화를 받지요. 그런데 이런 행동은 **저작권법**을 어기는 일이에요.

노래나 영화, 사진, 게임 등 어떤 사람이 만든 창작물을 통틀어 저작물이라고 해요. 저작물은 짧게는 몇 달, 길게는 몇 년이라는 시간을 들여 이루어 낸 개인의 재산이지요. 이런 저작물을 만든 사람이 가지는 권리를 저작권이라고 해요.

저작물은 돈을 내거나 저작권을 가진 사람의 허락을 받고 사용해야 해요. 다른 사람이 만든 창작물을 공짜로 내려받거나 베끼는 행동은 남의 재산을 도둑질하는 것과 같지요. 이를 어기면 저작권법에 의해 벌금을 내거나 감옥에 가야 해요.

저작권법 중에서
• 다른 사람이 만든 창작물을 허락 없이 사용하면 5년 이하의 징역 또는 5,000만 원 이하의 벌금을 내야 한다.

연예인에 관한 나쁜 소문을 퍼뜨렸어!

민수는 몇 달 전 블로그를 시작했어요. 오늘 있었던 일이나 맛있는 음식 사진을 올리고 서로 이웃이 되자는 소개 글도 올렸어요. 하지만 블로그를 찾는 사람이 없어 썰렁하기만 했지요.

그러던 어느 날, 유명 연예인의 우스꽝스러운 사진을 블로그에 올리자 며칠 만에 재밌다는 댓글이 쏟아졌어요.

"연예인 사진을 올렸더니 블로그를 찾는 사람들이 많아졌어!"

신이 난 민수는 하루에도 몇 번씩 연예인의 우스꽝스러운 합성 사진을 올렸어요. 사람들이 블로그를 자주 찾게 만드는 요령도 깨달았지요. 연예인과 관련된 이상한 소문이나 사실이 아닌 이야기를 지어내면 사람들이 좋아한다는 것을 말이에요.

그러나 민수의 즐거움은 그리 오래가지 않았어요. 나쁜 소문에 상처받은 연예인이 소문을 만들어 낸 사람을 찾아 벌하겠다고 발표했거든요. 언제 경찰서에서 연락이 올지 몰라 민수는 내내 마음을 졸이고 있을 수밖에 없었어요.

이런! 민수가 다른 사람의 명예를 훼손했네요.

명예 훼손이란 어떤 사람의 이미지나 명예를 떨어뜨릴 수 있는 비밀이나 거짓 소문, 사진 등을 퍼뜨리는 행동을 말해요. 다른 사람의 명예를 훼손시켰을 때는 **형법**에 의해 벌을 받게 돼요.

민수처럼 인터넷을 이용한 명예 훼손죄는 사이버 명예 훼손죄로 구

분돼요. 인터넷은 누구나 쉽게 접근할 수 있고, 한번 소문이 퍼지면 무척 빨리 퍼지기 때문에 더 큰 피해를 줄 수 있어요.

누구에게나 자기 의견을 표현할 자유가 있어요. 그렇지만 다른 사람의 마음을 다치게 하고, 명예를 훼손시키는 것은 표현의 자유가 아니랍니다.

명예 훼손과 관련된 형법 중에서
• 거짓된 정보로 다른 사람의 명예를 훼손했을 때는 형법 307조에 의해 5년 이하의 징역이나 1,000만 원 이하의 벌금을 내야 한다.

아무 데나 쓰레기를 버렸어

영주는 여름 방학을 맞이해 가족과 캠핑을 떠났어요. 캠핑을 가는 길에 휴게소에 들렀는데, 아빠가 자동차 트렁크에서 비닐봉지를 꺼내 쓰레기통에 던져 넣으셨어요. 그게 무엇인지 궁금해 여쭤 보니, 음식물 쓰레기라고 하셨어요. 음식물 쓰레기를 왜 여기까지 가져와서 버리는지 궁금했지만 그냥 넘어갔지요.

시원한 바닷가 캠핑장에 도착한 영주네 가족은 텐트를 치고 고기를 구워 먹고, 바다에서 수영도 하고 며칠 동안 신나게 놀았어요. 그러다 어느새 집에 돌아갈 날이 되었지요.

짐을 정리하고 나서 보니 영주네 가족이 남긴 쓰레기가 고약한 냄새를 풍기고 있었어요. 아빠는 쓰레기를 모아 담더니 잘 안 보이는 곳에 쓱 가져다 놓으셨어요. 쓰레기는 분리수거를 하라는 팻말이 곳곳에 있었는데도 말이에요. 영주는 창피한 생각이 들었지요. 그때 경찰이 다가오더니, 영주 아빠에게 법을 어겼다고 말했어요. 영주는 이대로 아빠가 감옥에 가게 되는 건 아닌지 걱정이 되었어요.

쓰레기를 아무 데나 버리면 **경범죄**로 처벌받아요. 경범죄는 가벼운 범죄를 말해요. 심각한 범죄는 아니지만, 사회 질서를 해치고 남에게 피해를 주는 죄임에는 틀림없지요.

영주 아빠처럼 고속도로 휴게소나 캠핑장에 쓰레기를 함부로 버리는 것, 공원이나 유적지의 꽃을 꺾거나 낙서하는 것, 큰 소리로 떠들거나 노래 부르는 것, 애완동물의 똥을 치우지 않는 것, 장난 전화 등이 경범죄에 속하지요. 경범죄를 어기면 대부분 벌금을 내야 한답니다.

경범죄 처벌법 중에서
• 경범죄 처벌법에 어긋나는 행동을 했을 때는 10만 원 이하의 벌금을 내거나 구류* 당할 수 있다.

★ **구류** 경찰서 유치장이나 교도소에 1~30일 정도 가두는 형벌

법을 어겼을 때 어떤 처벌을 받을까?

다음과 같은 행동이 어떤 법을 어겼고, 그로 인해 어떤 처벌을 받게 되는지 알아봐요.

채팅방에서 친구를 괴롭혔어요!

- **어떤 법을 어겼을까?** 학교 폭력 예방 및 대책에 관한 법률
- **어떤 처벌을 받을까?** 가해 학생은 피해 학생에게 사과문을 쓰고, 봉사 활동을 해야 해요. 괴롭힌 정도가 심할 경우, 반을 바꾸거나 전학·퇴학당할 수도 있어요.

약속했던 월급을 제대로 주지 않았어요!

- **어떤 법을 어겼을까?** 근로 기준법
- **어떤 처벌을 받을까?** 고용주가 근로 기준법을 어기면 2년 이하의 징역이나 2,000만 원 이하의 벌금을 내야 해요.

인터넷에서 무료로 게임을 내려받았어요!

- **어떤 법을 어겼을까?** 저작권법
- **어떤 처벌을 받을까?** 5년 이하의 징역 또는 5,000만 원 이하의 벌금을 내야 해요.

연예인과 관련된 나쁜 소문을 지어냈어요!

- **어떤 법을 어겼을까?** 명예 훼손죄와 관련된 형법
- **어떤 처벌을 받을까?** 거짓 정보로 다른 사람의 명예를 훼손했을 때는 형법 307조에 의해 5년 이하의 징역이나 1,000만 원 이하의 벌금을 내야 해요.

몰래 쓰레기를 버렸어요!

- **어떤 법을 어겼을까?** 경범죄 처벌법
- **어떤 처벌을 받을까?** 10만 원 이하의 벌금을 내거나 구류당할 수 있어요.

세상에 이렇게 황당한 법이리!

🇫🇷 돼지에게 '나폴레옹'이라는 이름은 안 돼!

프랑스에서는 돼지에게 나폴레옹이라는 이름을 지어 줄 수 없어요. 프랑스에서 존경받는 인물인 나폴레옹의 명예를 지키기 위해서지요. 하지만 돼지가 아닌 개·고양이·다른 동물에게는 이 이름을 써도 된다고 해요.

🇦🇪 공공장소에서 뽀뽀하면 안 돼!

서남아시아에 자리한 아랍 에미리트의 두바이에서는 공공장소에서 뽀뽀를 하면 감옥에 가요. 아랍 에미리트는 이슬람교를 믿는 나라인데, 이슬람교에는 공공장소에서 뽀뽀하는 것을 금지하고 있거든요. 실제로 2010년에 두바이를 찾은 영국 남녀가 공공장소에서 뽀뽀를 하다가 신고당해, 한 달 동안이나 감옥에 갇혀 있었다고 해요.

🇮🇹 비둘기에게 먹이를 주면 안 돼!

이탈리아 베네치아 산마르코 광장은 비둘기가 많기로 유명해요. 그런데 비둘기 똥 때문에 여간 골치가 아픈 게 아니에요. 비둘기들이 엄청나게 많은 똥을 싸서, 베네치아의 유적들이 더러워지고 고약한 냄새가 진동하기 때문이지요.

그래서 이탈리아 정부는 산마르코 광장의 비둘기에게 먹이를 주는 것을 법으로 금지하고 있답니다.

 왕의 얼굴이 그려진 우표는 거꾸로 붙이면 안 돼!

영국은 오늘날까지 왕이 있어요. 실제로 나라를 다스리지는 않지만, 영국의 상징으로 여겨지며 존경받지요. 영국에서는 왕이나 여왕의 얼굴이 그려진 우표를 거꾸로 붙이면 안 된다는 법이 있어요. 국가에 대한 반역이라고 생각하기 때문이에요.

껌을 팔아도 안 되고 버려도 안 돼!

싱가포르에서는 껌을 살 수도 씹을 수도 없어요. 나라에서 법으로 껌을 사고팔지 못하게 했기 때문이에요. 당연히 껌을 씹는 것도 안 되지요.

이 법은 사람들이 껌을 함부로 버려 거리가 더러워지는 것을 막기 위해서 만들어졌다고 해요.

④

과학 수사대 출동!
진실을 밝혀라

과학 법 과학에 적용되는 과학 원리

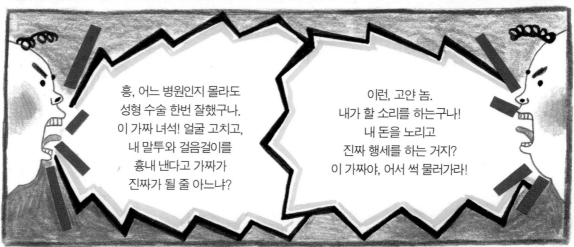

80

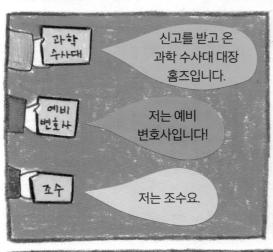

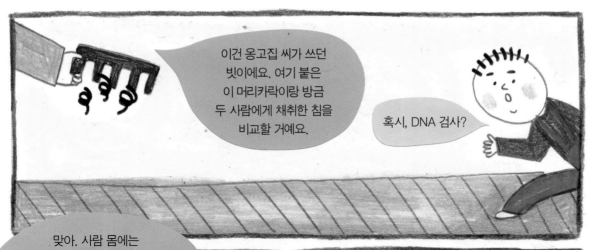

과학 수사 앞에 완전 범죄는 없다!

법을 어겨 잘못을 저지르면 '범죄를 저질렀다.'고 말을 하지요. 범죄를 저지르면 법이 정한 절차에 따라 재판을 하고 형벌을 받아요. 재판을 받기 위해서는 우선 범죄를 증명하기 위한 증거를 모아야 하는데, 그 증거를 모으는 과정을 수사라고 해요. 증거는 어떤 사실을 증명할 수 있는 근거지요.

수사는 크게 **일반 수사**와 **과학 수사**로 나뉘어요. 보통 경찰이 사건 현장 주변이나 용의자를 잡아 조사하는 것이 일반 수사지요. 과학 수사는 사건 현장에 남아 있는 흔적을 과학 지식과 과학 기술을 이용해 증거를 모으는 수사예요.

일반 수사로는 알아채지 못하는 사실을 과학 실험과 분석으로 찾을 때가 많아요. 그래서 과학 수사의 역할이 갈수록 커지고 있지요. 아주 작은 증거라도 과학 수사를 하면 범인의 특징, 범죄 원인, 범죄 수법 등을 낱낱이 밝힐 수 있거든요.

과학 수사에는 과학·의학·심리학 등 여러 분야의 학문이 활용돼요. 과학 수사를 뒷받침하는 다양한 학문을 통틀어 '법 과학'이라고 부르지요.

법 과학은 1800년대 오스트리아 판사였던 한스 그로스가 '증거를 찾으려면 과학 실험이 중요하다.'는 내용의 논문을 발표하면서 처음으로 그 중요성이 알려졌어요.

1900년대 들어 프랑스의 범죄학자인 에드몽 로카르가 법 과학을 본격적으로 수사에 활용했지요. 그는 과학 연구실을 만들고 각종 실험을 통해 과학 수사의 체계를 세웠어요. 완벽한 범죄는 없다는 의미의 "모든 범죄는 흔적을 남긴다."는 그의 말은 지금까지도 법 과학의 제1원칙으로 불려요.

우리나라에는 1955년 국립 과학 수사 연구소가 처음 문을 열면서 과학 수사가 시작되었답니다.

범인이 남기고 간 증거를 찾아라!

범죄를 저지른 범인은 사건 현장에 반드시 흔적을 남긴답니다. 수사관들은 사건 현장을 뒤져 범인이 남긴 흔적을 찾아요. 남긴 흔적은 범인을 밝히는 중요한 증거이기 때문에 아주 작은 것이라도 빠짐없이 모으지요.

증거 1 족적

운동화, 장화, 슬리퍼, 하이힐, 샌들……. 우리가 신는 신발의 종류만 해도 아주 다양해요! 신발 바닥 무늬를 본 적 있나요? 신발에는 저마다 무늬가 있어요. 미끄러짐을 방지하기 위해 만든 것인데, 신발의 종류와 신발을 만든 회사에 따라 무늬도 다 달라요. 그래서 사건 현장에 찍힌 발자국을 보면 범인이 어떤 신발을 신었는지 추측할 수 있어요.

게다가 신발의 방향과 발자국의 간격을 조사하면 서둘러 급히 떠났는지, 어느 방향으로 들어와 어느 방향으로 나갔는지 등 범인의 움직임까지 파악할 수 있지요.

증거2 지문

　지문은 손가락 끝의 무늬예요. 엄마 배 속에 있을 때부터 만들어지는 지문은 사람마다 다 다르고 평생 변하지 않아요. 그래서 범인을 찾는 아주 중요한 증거로 쓰이죠.

　지문은 어떤 방법으로 찾을까요? 유리나 거울처럼 매끄러운 곳에 묻은 지문을 찾을 땐 미세한 가루를 이용해요. 붓에 가루를 묻혀 살살 문지르면 지문 모양이 선명하게 드러나요.

　지문이 잘 보이지 않는 곳에는 형광 가루를 뿌리고 빛을 비추면 지문이 뚜렷이 나타나요. 그 밖에 종이나 신문지에 묻은 지문은 특수한 약품을 이용해 찾아내기도 한답니다.

🔍 증거 3 혈흔

　사건이 발생하면 현장에는 대개 핏자국이 남아요. 이 핏자국을 혈흔이라고 하지요. 혈흔은 범인에 대한 다양한 정보를 주는 중요한 단서예요.

　예를 들어 혈흔 모양과 방향을 보면 당시 상황을 알 수 있고, 혈흔을 분석하면 DNA 정보를 얻을 수 있어요.

　범인이 혈흔을 싹 지우고 도망가면 어떻게 하느냐고요? 그래도 문제없어요. 사라진 혈흔도 감쪽같이 찾아내는 '루미놀 검사'가 있거든요.

　루미놀은 피 안에 있는 헤모글로빈 성분과 닿으면 파란 형광빛을 내는 특수 용액이에요. 또 피와 닿으면 청록색으로 변하는 LMG 검사, 분홍색으로 반응하는 KM 검사도 있답니다.

증거4 미세 증거

섬유

섬유는 우리가 입은 옷의 재료예요. 살짝만 부딪혀도 쉽게 떨어져 나가는 성질이 있지요. 사건 현장에서 발견한 한 가닥의 섬유는 많은 사실을 알려 줘요. 섬유의 종류·꼬임·잘린 면·원료 등을 분석해서, 용의자의 옷과 비교하면 그 사람이 사건 현장에 있었는지 알 수 있어요.

페인트

페인트는 자동차와 관련된 사건에서 중요한 역할을 하는 미세 증거예요. 자동차는 아주 살짝만 부딪혀도 페인트가 묻어나거든요. 페인트가 묻은 게 뭐가 중요하느냐고요?

페인트는 만드는 회사마다 사용하는 재료가 달라요. 그래서 페인트 성분을 조사하면 사건과 관련된 자동차의 색깔은 물론 어느 회사에서 만든 어떤 종류의 차인지를 알 수 있답니다.

흙

흙을 현미경으로 관찰하면 색과 모양이 제각각이에요. 흙의 색만으로 1,100여 가지로 구분할 수 있답니다. 또한 흙의 성분을 조사하면 범죄가 일어난 장소나 범인이 찾아갔던 장소 등을 추측할 수 있지요.

냉장고에서 발견된 **갓난아이 시신!** 범인은 누구?

사건

서울에 사는 프랑스인 부부가 자신의 집 냉장고에 숨진 갓난아이가 둘 있다고 신고했어요. 프랑스인 부부의 집에는 도둑이나 강도가 몰래 들어온 흔적이 없었지요. 그래서 부부가 자신들이 낳은 갓난아이를 죽인 것이 아니냐는 의심을 받았어요.

두 사람은 자신들은 갓난아이의 부모가 아니라고 펄쩍 뛰고는 프랑스로 돌아가 버렸지요. 하지만 경찰은 포기하지 않고 증거를 찾아 나섰어요. 그 결과 갓난아이의 부모가 그 프랑스인 부부임을 밝혀냈고, 증거를 프랑스 과학 수사 연구소에 보냈지요. 결국 프랑스인 부부 중 아내가 갓난아이를 죽인 죄로 체포됐어요.

과학 수사가 밝힌 진실

프랑스인 아내가 범인이라는 증거는 DNA에서 나왔어요. 두 갓난아이의 DNA를 조사한 결과, 프랑스인 부부의 자식이라는 사실이 드러났거든요.

과학 원리 : DNA

이처럼 아무리 아니라고 우겨도 DNA를 검사하면 부모 자식 관계를 알아낼 수 있어요. 부모와 자녀의 DNA가 서로 닮아 있기 때문이에요. DNA는 생물의 모든 정보가 들어 있는 유전 물질로, 부모로부터 전해지지요. 침, 피, 뼈, 머리카락, 손톱, 대소변 등에서 DNA를 얻을 수 있어요.

오늘날에는 잃어버린 자식을 찾거나, 범죄 사건에서 범인을 찾는 데 DNA를 활용해요.

유전이란?

"눈이 아빠를 쏙 빼닮았구나." 이런 말을 들어 본 적 있죠? 자녀라면 누구나 부모를 닮아요. 그 이유는 유전 때문이에요. 유전이란 부모가 가진 형질이 자손에게 물려지는 것을 말해요. 형질은 눈동자의 색깔, 키가 큰 것 등 생물이 가지고 있는 여러 가지 모양이나 성질이지요.

가짜로 밝혀진 **히틀러**의 **일기장**

사건

　1983년 독일의 한 출판사가 히틀러의 비밀 일기장 62권을 찾았다고 발표했어요. 검은색 표지에 'A. H(Adolf Hitler, 아돌프 히틀러의 약자)'라고 서명되어 있는 낡은 일기장이었지요. 전 세계를 전쟁에 휩싸이게 한 독재자의 일기장은 많은 사람들의 관심을 받았어요. 하지만 2주 만에 가짜임이 들통났답니다.

이 일을 벌인 범인은 독일의 콘라드 쿠야우라는 사람이었어요. 그는 돈을 벌고 싶은 욕심에 직접 가짜 일기를 썼대요. 히틀러의 글씨체를 흉내 내 그럴듯하게 쓰고, 낡아 보이게 하려고 홍차를 끼얹어 가짜 얼룩도 만들며 감쪽같이 세계를 속였지요.

과학 수사가 밝힌 진실

종이나 잉크 성분을 분석하면 언제 만들어진 것인지 알아낼 수 있어요. 히틀러가 살았던 시대는 1930년대예요. 그런데 히틀러의 일기장을 조사해 보니, 종이와 잉크 성분이 1950년대에 만들어진 것이었지요.

과학 원리 : 크로마토그래피

이 사건을 해결하는 데 결정적인 역할을 한 것은 크로마토그래피예요. 크로마토그래피는 물질을 이루고 있는 성분들을 분리하는 방법이에요. 특히 잉크의 성분을 분석하는 데 많이 쓰이지요.

우리가 사용하는 잉크는 겉으로 보기엔 하나의 색 같지만, 사실 한 가지 색이 아니랍니다. 여러 가지 색이 혼합되어 있지요. 각각 다른 색의 잉크들은 물에 녹는 속도가 달라요. 크로마토그래피는 이 원리를 이용해 잉크의 성분을 조사한답니다.

과학 수사

사건 현장에 남아 있는 흔적을 과학 지식과 과학 기술을 이용해
증거를 찾는 것

법 과학

과학 수사를 뒷받침하는 과학·의학·심리학 등 여러
분야의 학문을 통틀어 부르는 말

범인이 남기고 간 증거를 찾아라!

족적	지문
무늬를 보면 신발 제조사와 종류를 알 수 있어요. 신발의 방향과 발자국 간격으로 범인의 움직임을 파악할 수 있지요.	손가락 끝의 무늬예요. 지문은 모든 사람이 각기 다르지요. 미세한 가루를 이용하면 지문을 얻을 수 있어요.
혈흔	미세 증거
핏자국이에요. 혈흔의 양과 방향으로 당시 상황을 알고, 혈흔을 분석해 DNA 정보를 얻을 수 있어요. 루미놀 검사를 하면 사라진 혈흔도 찾을 수 있어요.	지나치기 쉬운 아주 작은 증거들이에요. 섬유, 페인트, 흙 등으로 범인의 옷, 차, 범죄가 일어난 지역 등을 알 수 있어요.

수사 일지를 통해 알아보는 결정적인 증거

구분	DNA 분석	크로마토그래피
사건	서울에 살던 프랑스인 부부의 집 냉장고에서 갓난아이 시신이 발견됨	1983년 독일의 한 출판사가 히틀러의 비밀 일기장을 찾았다고 발표함
과학 수사가 밝힌 진실	DNA를 분석해 갓난아이가 프랑스인 부부의 아이임을 알아내고, 아이들을 죽인 범인은 아내임을 밝혀냄	비밀 일기장의 종이와 잉크 성분을 분석한 결과, 히틀러가 죽은 뒤에 만들어진 것임을 밝혀냄
과학 정보	• DNA : 생물의 모든 정보가 들어 있는 유전 물질 • 유전 : 유전이란 부모가 가진 형질이 자손에게 물려지는 것	• 크로마토그래피 : 물질을 이루는 성분들을 분리하는 방법 • 원리 : 잉크는 여러 성분이 혼합되어 있으며, 성분마다 물에 녹는 속도가 다름

조선 시대 과학 수사 교과서 『무원록』

　조선 시대 제22대 정조 임금 앞으로 한 통의 편지가 도착했어요. 황해도로 시집가 잘살고 있던 딸이 갑자기 목을 매어 스스로 목숨을 끊었다는데, 석연치가 않다며 죽음의 비밀을 밝혀 달라는 내용이었지요.

　정조는 이곤수를 암행어사로 임명하고 황해도로 보냈어요. 한 점의 의심도 남기지 않고 꼭 진실을 밝히라고 강조했지요. 이곤수는 여인이 스스로 목숨을 끊었는지를 알아보기 위해 한 가지 실험을 했어요.

　파의 밑동 부분을 빻아 데친 것을 죽은 여인의 목 주위에 올려놓고, 그 위에 종이를 올려 두었어요. 몇 시간 후 종이를 들춰내자 이상한 점이 발견됐어요. 스스로 죽었다면 목에서 귀 주위까지 목을 맨 흔적이 남아야 하는데, 아무 흔적도 없었던 거예요. 누군가 여인을 죽이고서는 스스로 목매 죽은 것처럼 꾸민 것이 분명했지요.

　이를 증거로 다시 수사를 벌인 결과, 여인을 미워한 시어머니와 친척의 짓이었음이 밝혀졌답니다.

이 이야기는 조선 시대 황해도 평산에 시집온 박 여인의 실제 이야기예요.

오늘날처럼 과학 기술이 발달하지 않은 조선 시대에 과학 수사가 가능했던 이유는 『무원록(無없을 무冤원통할 원錄기록할 록)』이라는 책 덕분이에요. '원통함이 없게 하라.'는 뜻의 『무원록』은 조선 시대 과학 수사의 교과서였답니다. 원래 1300년대 중국의 왕여가 쓴 것으로, 나중에 우리나라에 건너와 우리 사정에 맞게 고쳐 사용됐어요. 이곤수가 박 여인에게 한 실험도 『무원록』에 실린 방법이랍니다.

『무원록』에 나온 과학 수사 방법

고초 검사　고초는 강한 식초예요. 칼에 고초를 발라 불에 달구면 아무리 오래된 핏자국이라도 빨갛게 드러나요.

독 검사　은수저는 독을 만나면 까맣게 변하는 성질이 있어요. 그러므로 죽은 사람의 입에 은수저를 넣었을 때 색이 변하면 독으로 죽었다는 사실을 알 수 있지요. 다른 방법으로는 몇 시간 동안 죽은 사람의 입에 밥을 넣어 두었다가 그 밥을 닭에게 먹이는 거예요. 독이 흡수된 밥을 먹은 닭은 얼마 못 가 죽고 만답니다.

욱이 삼촌,
변호사가 되다

직업·체험 법과 관련된 직업·솔로몬 로파크

101

→ 건물 주인

30년 전 아버지께서 국밥집과 계약을 한 뒤, 한 번도 건물을 빌려주는 값을 올리지 않았어요. 물가가 얼마나 올랐는데요!

법원

내일이 재판이라고? 만약 지면 어떡하지?

최선을 다했으니 좋은 결과가 있을 거예요.

지금부터 재판을 시작하겠습니다. 변호사 변론* 시작하세요.

★ **변론** 법정에서 소송한 사람이나 변호인이 자신의 의견을 주장하는 것

102

양쪽의 의견 잘 들었습니다. 판결을 내리겠습니다. 계약서에 따르면 1984년부터 3년 동안 건물을 빌려주기로 했고, 그 계약서대로 올해까지 이어져 왔습니다. 그런데 올해 건물을 물려받은 아들이 국밥집 주인에게 가게를 비워 달라고 했지요.

가게 세를 한 번도 올리지 않아 손해를 입은 건물 주인의 사정은 이해가 됩니다. 하지만 법은 이렇게 남의 건물에서 장사하는 사람들을 보호하는 법을 마련해 놓고 있습니다. 어느 날 갑자기 쫓겨나는 것을 막기 위해서죠. 법에 따라 건물 주인은 국밥집 주인이 준비할 3개월의 시간을 주어야 한다고 판결합니다. 만약 지금 당장 가게를 비워 줄 것을 원한다면, 국밥집 주인에게 피해 보상금을 주어야 합니다.

말도 안 돼. 내가 보상금을 줘야 한다고요?

고맙네. 하마터면 당장 쫓겨날 뻔했는데….

대책을 세울 시간이라도 생긴 게 아닌가.

고작 3개월인데요, 뭐. 가게를 옮기거나 가게 세를 올려 주어야 할 거예요.

삼촌, 오늘 정말 멋졌어. 나도 어른이 되면 삼촌처럼 멋진 변호사가 될래!

법과 관련된 직업들

> 변호사도 멋있고, 판사도 멋있고. 어른이 되면 법과 관련된 일을 하고 싶어!
>
> 그래? 법과 관련된 직업은 아주 다양해. 직업에 따라 하는 일도 다르지! 법과 관련된 직업이 어떤 게 있는지 자세히 알아보자꾸나!

재판을 심판하는 판사

- **어떤 직업이에요?** 재판을 진행하고 판결해요.

- **무슨 일을 해요?** 재판에서 누구의 주장이 옳은지 가려내요. 재판에 나온 당사자들의 말과 증거를 잘 듣고 법에 따라 판단해야 하지요. 죄가 인정되면 어떤 형벌을 내릴지 결정하는 것도 판사의 역할이에요.

- **특별히 필요한 능력이 있나요?**

판사는 누구보다 공정해야 해요. 그때그때의 기분에 흔들리지 않고 법에 의해 옳고 그름을 판단해야 하지요.

> **판사·검사·변호사가 되려면?**
> 사법 시험 합격 후 사법 연수원에서 교육받거나, 로스쿨에 들어가 3년 과정을 마치고 변호사 시험에 합격해야 해요. 사법 시험은 2017년 폐지되었어요.

법을 지키도록 감시하는 검사

- **어떤 직업이에요?** 범인을 찾아내고 조사하여, 재판을 받게 하는 사람이에요.
- **무슨 일을 해요?** 사건을 조사하고, 증거를 모아 용의자를 재판받게 해, 형벌을 받도록 하지요.
- **경찰과는 어떤 점이 달라요?** 검사는 경찰을 지휘해서 범인으로 의심되는 사람을 체포해요. 경찰은 범죄자와 직접 맞닥뜨리는 일이 많기 때문에 체력이 튼튼해야 하고, 검사는 범죄자가 어떤 법을 위반했는지 밝혀야 하기 때문에 법을 잘 알아야 해요.

개인을 대신해 법 관련 일을 하는 변호사

- **어떤 직업이에요?** 법을 잘 모르는 사람을 대신해 소송을 해요.
- **무슨 일을 해요?** 소송에 필요한 문서를 대신 작성하고 법원에 내요. 소송한 사람의 주장을 뒷받침할 수 있는 증거를 찾고, 소송한 사람의 입장에 서서 이야기해요.
- **죄가 있는 사람도 변호사를 고용할 수 있나요?**
네. 죄를 저지른 사정을 설명해 형벌을 덜 받을 수 있도록 이야기해요. 억울하게 범인으로 몰린 사람을 위해 죄가 없다는 것을 주장하기도 하지요.

법을 연구하는 법학자

- **어떤 직업이에요?** 법을 연구하는 학자예요.
- **법학자는 변호사와 뭐가 달라요?** 판사와 검사, 변호사는 법으로 사람들의 문제를 해결하지만, 법학자는 법을 학문적으로 연구해 논문이나 책을 발표해요. 대학과 대학원에서 법학을 공부한 뒤 법학자가 되는 경우가 많지요.
- **법학자는 어디에서 일하나요?** 대학이나 연구소에서 일하는 사람이 많아요. 공무원이 되어 법 관련 내용을 검토하고 연구하기도 하지요.

죽음의 원인을 과학적으로 밝혀내는 법의학자

- **어떤 직업이에요?** 의학을 이용해 사건의 단서나 사람이 죽은 이유를 찾아요.
- **무슨 일을 해요?** 주로 죽은 사람의 몸을 검사해요. 죽음에 이른 이유가 무엇인지, 언제 죽었는지, 어떤 것에 몸을 다쳤는지 등을 밝혀내지요.
- **법도 알고 의학도 알아야 하겠네요?** 네, 맞아요. 법의학자가 되려면 우선 의과 대학에 들어가 의사 면허증을 따야 해요. 그뿐만이 아니라 일정 기간 법의학 과정도 배워야 하지요.

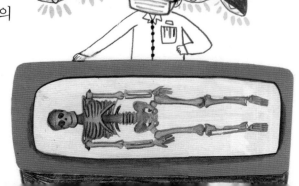

법과 관련된 서류를 써 주는 **법무사**

- **어떤 직업이에요?** 법을 잘 모르는 사람을 대신해 법원이나 검찰에 내야 할 서류를 작성해요.
- **변호사랑 비슷하네요?** 법무사는 변호사와 달리 재판에는 관여하지 않아요. 꼭 재판을 하는 게 아니어도 우리 생활에는 법과 관련해 작성해야 할 서류들이 아주 많아요. 집을 사거나 팔 때, 재산을 물려줄 때처럼요. 그때 필요한 서류를 대신 쓰고, 내 주지요.
- **법무사가 되고 싶어요!** 법무사가 되려면 모두 3차의 시험을 치러야 해요. 법을 다루는 직업이니까 법을 전공한 사람에게 조금 더 유리하겠죠?

검사의 일을 돕는 **검찰 수사관**

- **어떤 직업이에요?** 검사를 도와 사건을 조사하고, 재판을 준비하는 직업이에요.
- **항상 검사와 일하나요?** 검사를 도와 사건을 해결하는 만큼, 대부분의 일을 검사와 함께해요. 경찰에게 넘겨받은 사건 기록을 정리해 검사에게 넘겨주고, 재판에 필요한 증인·증거를 관리하지요.
- **검찰 수사관이 되고 싶어요!** 검찰 수사관은 공무원이에요. 그러므로 공무원 시험을 치러야 하지요.

🏛 법 교육 체험 기관 솔로몬 로파크

그런데 삼촌! 법에 대해 많이 공부했는데, 아직도 좀 아리송해. 법은 정말 어려운 거 같아!

그래? 그렇다면 법을 직접 체험하고 느껴 보자. 체험보다 더 좋은 공부는 없다고!

솔로몬 로파크는 법무부에서 만든 법 배움터예요. 신나게 놀면서 법에 대해 공부할 수 있는 곳이지요. 2008년 대전에 처음 세워졌고 조금 시간을 두고 부산과 광주에도 지어졌어요. 책에서는 대전 솔로몬 로파크를 중심으로 소개할게요.

'법 체험관'에서는 세계의 법 역사는 물론, 우리나라 법이 어떻게 발전해 왔는지 알 수 있어요. 모의국회·모의법정·교도소·선거 체험 등도 할 수 있지요.

'헌법 광장'에는 우리나라 임시 정부 헌장, 미국 독립 선언서 등 중요한 법 조항이 조각되어 있어요. 그뿐만이 아니라 법을 대표하는 상징물인 정의의 여신상도 볼 수 있지요.

정의의 여신상은 한 손에 저울을, 다른 한 손에는 칼을 쥐고 있지요. 저울은 사람들 사이의 다툼을 해결하는 것을 의미하고, 칼은 질서를 어지럽히는 사람에게 벌을 준다는 것을 의미해요. 또 정의의 여신은 두 눈을 가리고 있는데, 이것은 어느 한쪽으로 기울지 않고 공평하게 판결하겠다는 의미를 담고 있답니다.

선거와 국회

선거의 역사와 국회 및 국회 의원이 하는 일을 소개해요. 선거 체험과 모의국회 체험을 통해 투표하는 방법과 법이 만들어지는 과정을 체험해 봐요.

법과 과학

사건이 일어나 잘잘못을 가리려면 그 증거부터 모아야겠죠? 지문 채취, 거짓말 탐지기 등을 체험하면서 사건 현장에서 어떤 과학 수사 장비를 이용하는지 살펴봐요. 이렇게 모은 증거를 어떻게 법에 적용하는지도 알아볼 수 있어요.

모의법정

　재판의 종류와 절차를 알
아봐요. 범죄 사건의 경우,
맨 앞자리에는 판결을 내리
는 재판장이 앉고 오른쪽에
는 변호사와 피고인, 왼쪽에
는 검사가 앉아요. 판사, 검사, 변호사 옷을 입고 모의재판 체험도 해
봐요.

법 역사관

　서양의 법, 동양의 법, 우리
나라 법이 어떻게 발달했는지
알 수 있어요. 법에 자신 있다면
법 퀴즈에 도전해 봐요.

법무 직업 Ⅰ, Ⅱ

　법무 직업 Ⅰ에서는 교도소가 어
떻게 생겼는지 체험할 수 있어요.
법무 직업 Ⅱ는 사람들이 나라 밖
으로 나가거나 들어올 때 심사하
는 과정을 보여 줘요.

법과 관련된 직업들

재판을 진행하고
판결해요.

검사를 도와 사건을
조사하고, 재판을
준비해요.

법을 잘 모르는
사람을 대신해
소송을 해요.

판사

변호사

**검찰
수사관**

법

법을
연구해요.

법학자

검사

범죄 사건을
수사하고, 재판을
요청해요.

**법
의학자**

법무사

의학을 이용해
사건의 단서나 사망
원인을 찾아요.

법을 잘 모르는 사람을
대신해 법원이나 검찰에
내야 할 서류를 작성해요.

법을 체험하는 솔로몬 로파크

- **선거와 국회** 선거의 역사와 법이 만들어지는 과정을 알아봐요.
- **법과 과학** 지문 채취, 거짓말 탐지기 등 과학 수사를 살펴보고, 증거를 어떻게 법에 적용하는지 알아봐요.
- **모의법정** 판사, 검사, 변호사가 되어 재판의 종류와 절차를 알아봐요.
- **법 역사관** 서양·동양·우리나라 법이 어떻게 발달했는지 알 수 있어요.
- **법무 직업 I, II** 교도소를 체험해 보고, 나라 밖으로 나가거나 들어올 때의 심사 과정을 알아봐요.

우리나라 법 기관을 찾아라!

헌법 재판소

헌법을 지키고 국민의 기본 권리를 지켜 주는 곳! 법 조항들이 헌법에 어긋나지 않는지 재판하고 판결해요.

위치 서울시 종로구 북촌로 15 | **홈페이지** kids.ccourt.go.kr(어린이 헌법 재판소)
전화번호 02-708-3456 | **견학 가능** 홈페이지 예약 필수

국회

국민이 뽑은 국회 의원이 법을 만들거나 고치는 곳이에요.

위치 서울시 영등포구 의사당대로 1 | **홈페이지** child.assembly.go.kr(어린이 국회)
전화번호 02-788-2114 | **견학 가능** 홈페이지 예약 필수

대법원

우리나라 최고 법원이에요. 대법원 아래에 고등 법원이 있고, 그 아래에는 여러 지방 법원이 있어요. 지방 법원과 고등 법원에서 해결되지 않았을 경우, 마지막으로 대법원에서 재판하지요.

위치 서울시 서초구 서초대로 219 | **홈페이지** scourt.go.kr/kids(어린이 대법원)
전화번호 02-3480-1100 | **견학 가능** 개인 체험(자유), 단체 체험(홈페이지 예약 필수)

검찰청

검찰이 범죄를 수사하고 재판을 준비하는 곳이에요.

위치 서울시 서초구 반포대로 157 | **홈페이지** spo.go.kr | **전화번호** 국번 없이 1301(유료)
견학 가능 초등학생 4학년 이상부터 견학 가능, 홈페이지 예약 필수

법제처

법을 해석하고 심사하고, 어려운 법을 쉬운 말로 고치는 곳이에요.

위치 세종시 도움5로 20 정부세종청사 7-1동 | **홈페이지** moleg.go.kr/child(어린이
법제처) | **전화번호** 044-200-6900 | **견학 불가능**

법무부

법무부에서 하는 일은 아주 다양해요. 국민의 인권을 보호하고,
출국과 입국을 관리하고, 법을 해석하는 일 모두 법무부가 관리하고
책임져요.

위치 경기도 과천시 관문로 47 정부과천청사 1동 | **홈페이지** moj.go.kr/kids/index
(어린이 법무부) | **전화번호** 02-2110-3000 | **견학 불가능**

1 다음에서 설명하는 이것은 무엇일까요?

> 이것은 국가가 만든 강제력이 있는 규범이에요. 강제력이 있다는 것은 우리가 살아가면서 꼭 지켜야 한다는 뜻이지요. 이것은 '최소한의 도덕'이라고 불리기도 해요.

2 규범이란 우리가 지켜야 할 약속과도 같아요. 다음 중 규범이라고 할 수 없는 것은 무엇인가요?

① 관습 　　　　② 예절 　　　　③ 종교 　　　　④ 도덕

3 우리나라 법의 종류는 그 성격에 따라 종류도 다양해요. 다음 빈칸에 들어갈 법은 무엇인가요?

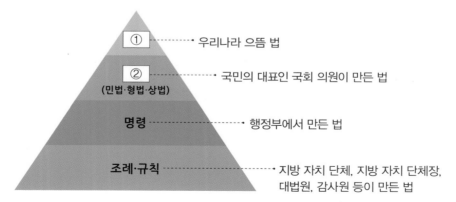

① ┄┄┄┄ 우리나라 으뜸 법

② (민법·형법·상법) ┄┄┄┄ 국민의 대표인 국회 의원이 만든 법

명령 ┄┄┄┄ 행정부에서 만든 법

조례·규칙 ┄┄┄┄ 지방 자치 단체, 지방 자치 단체장, 대법원, 감사원 등이 만든 법

4 우리나라 법에 대한 설명이에요. 어떤 원칙에 대한 설명인지 보기에서 찾아 쓰세요.

새로 법이 만들어지면, 법이 만들어지기 전의 죄까지
거슬러 올라가 처벌할 수 없다.

보기

죄형법정주의   무죄추정의 원칙
법률불소급의 원칙   일사부재리의 원칙

5 죄를 지으면 법에 의해 형벌을 받아요. 죄를 지은 사람에게 형벌을 내리는 까닭은 무엇일까요? 서술형문항대비 ✔

1 역사 속 유명한 법들을 늘어놓았어요. 오래된 순서부터 차례대로 정리해 보세요.

> ① 우르남무 법전   ② 대헌장   ③ 미국 독립 선언서
> ④ 유스티니아누스 대전   ⑤ 함무라비 법전

(   ) → (   ) → (   ) → (   ) → (   )

2 우리나라 최초의 법은 고조선 때 만든 8조법이에요. 다음 중 8조법에 나오지 않는 법은 무엇인가요?

① 사람을 죽이면 사형시킨다.
② 도둑질을 하면 종으로 삼는다.
③ 남의 눈을 다치게 하면, 자신의 눈을 다치게 한다.
④ 남을 다치게 하면 곡식으로 갚는다.

3 다음 글에서 설명하는 인물은 누구인가요?

> – 프랑스 혁명 후 혼란스러웠던 나라를 안정시키고, 단숨에 왕위에 올랐어요.
> – 자신의 이름을 딴 민법을 만들어 모든 사람은 법 앞에서 평등하고, 종교와 직업의 자유가 있음을 알렸어요.

① 존왕   ② 나폴레옹   ③ 유스티니아누스 황제   ④ 함무라비왕

4 미국 독립 선언서가 만들어진 계기가 된 사건이 있어요. 영국이 차에 비싼 세금을 매겨 팔다가 일어난 일이었지요. 이 사건의 이름은 무엇인가요?

① 독립 전쟁   ② 보스턴 차 사건

③ 영국 차 사건   ④ 노예 차 사건

5 이상한 나라에 간 앨리스는 하트 여왕의 얼굴을 다치게 했다는 이유로 재판을 받게 됐어요. 친구들이 재판관이라면 어떤 판결을 내릴 건가요? 현명한 판결을 내려 보세요. 서술형문항대비 ✔

앨리스는 (무죄, 유죄)다.

왜냐하면 ....

119

3 법을 알고 나를 알면 백전백승?

1 다음과 같은 상황은 어떤 법을 위반한 경우일까요? 상황에 알맞은 법을 짝지어 보세요.

월급을 못 받은
고등학생

①   ㉠ 학교 폭력 예방 및
대책에 관한 법률

채팅방에서 괴롭힘을
당하는 학생

②   ㉡ 근로 기준법

인터넷에서 불법으로
영화를 내려받은 학생

③   ㉢ 저작권법

2 이 법에 따르면 어린이에게 나이에 맞지 않는 심한 일을 시킬 수 없어요. 콩지의 새엄마가 콩지에게 계속 심한 집안일을 시킨다면 이 법에 의해 감옥에 갈 수도 있지요. 이 법은 무엇일까요?

① 아동 행복법
② 아동 근로법
③ 아동 복지법
④ 아동 건강법

3 사이버 불링은 심각한 사회 문제예요. 휴대 전화만 있으면 언제 어디서나 괴롭힐 수 있다는 특성 때문에, 나날이 문제가 커지고 있답니다. 사이버 불링을 해결할 좋은 방법이 없을까요?
독특한 법을 만들어도 좋고, 또래 친구들과 할 수 있는 방법을 생각해도 좋아요. 서술형문항대비 ✔

1 프랑스의 범죄학자인 에드몽 로카르는 과학 수사의 근본이 되는 아주 중요한 말을 남겼어요. 괄호 안에 들어갈 말을 채워 넣으세요.

"모든 범죄는 (   )을 남긴다."

2 다음 그림에서 증거가 될 수 있을 만한 것에 동그라미 치세요.

3 혈흔은 가장 중요한 증거 가운데 하나예요. 눈에 보이지 않는 혈흔도 이 방법으로 찾을 수 있어요. 핏속의 헤모글로빈 성분과 이 물질이 만났을 때, 파란 형광 빛을 내는 성질을 이용한 방법은 무엇일까요?

① 리트머스 검사　　② DNA 검사　　③ 크로마토그래피　　④ 루미놀 검사

4 다음 두 가지 사건 중 하나를 골라 수사 일지를 작성해 보세요.

서술형문항대비 ✓

① 냉장고에서 발견된 갓난아기 사건　　　② 히틀러의 가짜 일기장 사건

사건 제목

작성자 :

• 사건이 일어난 때 :

• 사건 개요 :

• 용의자 :

　– 의심되는 점 :

• 결정적 증거 :

• 과학적 사실 :

1 다음에서 설명하는 직업은 무엇인가요?

> 재판을 진행하고 판결해요.

2 검사와 변호사에 대한 설명한 것 중 옳지 않은 것을 고르세요.

① 검사는 사건을 조사하고 증거를 모아 용의자를 재판받게 해요.
② 변호사는 용의자를 대신해서 무죄를 주장하거나 형벌을 덜 받도록 해요.
③ 변호사는 용의자를 변호할 수 없어요.
④ 검사는 경찰을 지휘해서 용의자를 체포해요.

3 법이 왜 필요한지 생각한 뒤, 법에 대해 짧게 정의해 보세요.

서술형문항대비 ✓

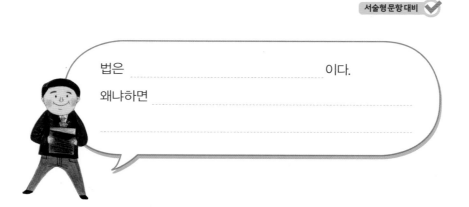

법은 _____ 이다.

왜냐하면 _____

_____

4 솔로몬 로파크 또는 법과 관련된 기관에 다녀온 뒤, 체험 학습 보고
서를 써 보세요.

날짜		이름		학년, 반	
장소					
가는 방법					
체험 학습 내용	체험 학습 전 알았던 사실				
	체험 학습 뒤 알게 된 점				
느낀 점					
아쉬운 점					

**❶ 혼자 사는 로빈슨 크루소에게
법이 필요할까?**

1. 법
2. ③
3. ① 헌법 ② 법률
4. 법률불소급의 원칙
5. 죄를 지으면 벌을 받는다는 것을 알려 주
   어 다시 죄를 짓는 것을 막기 위해서이다.

**❷ 이상한 나라의 앨리스,
이상한 재판에 휘말리다**

1. ① → ⑤ → ④ → ② → ③
2. ③
3. ②
4. ②

❸ 법을 알고 나를 알면 백전백승?

1. ①-ⓛ, ②-ⓖ, ③-ⓒ
2. ③

❹ 과학 수사대 출동! 진실을 밝혀라

1. 흔적
2. 족적, 혈흔, 지문

3. ④

❺ 욱이 삼촌, 변호사가 되다

1. 판사
2. ③

찾아보기